# COLLECTION LOUIS ENAULT

# OBJETS D'ART

## SCULPTURES, BRONZES

Porcelaines, Faïences françaises et étrangères

## MEUBLES ANCIENS

### Tableaux

<table>
<tr><td>M<sup>e</sup> LÉON TUAL</td><td>M. A. BLOCHE</td></tr>
<tr><td>COMMISSAIRE-PRISEUR</td><td>EXPERT PRÈS LA COUR D'APPEL</td></tr>
<tr><td>49, rue de la Victoire, 49</td><td>28, rue de Châteaudun, 28</td></tr>
</table>

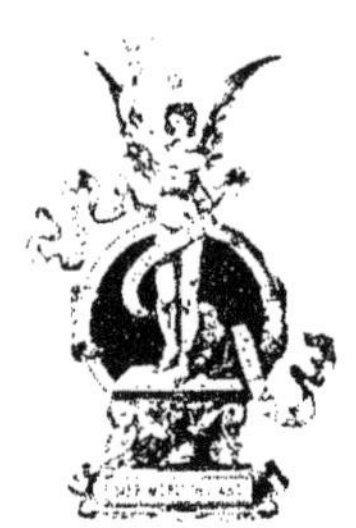

# CATALOGUE

DES

# Meubles Anciens

## Des XVI<sup>e</sup> et XVIII<sup>e</sup> siècles

REMARQUABLE ARMOIRE DE CATHÉDRALE. — CRÉDENCE
LIT DE LA RENAISSANCE AVEC SES TENTURES BRODÉES
COMMODES EN MARQUETERIE ET EN LAQUE ORNÉES DE BRONZES LOUIS XV

### DEUX TRÈS BEAUX CANAPÉS ET QUATRE COUSSINS

en tapisserie d'Aubusson, du xviii<sup>e</sup> siècle

ÉCRAN AU PETIT POINT. — HARPE DE SIMONIN
BUSTE EN MARBRE DE MADAME ÉLISABETH, BRONZES D'ART ET D'AMEUBLEMENT
CUIVRES OUVRÉS, BRULE-PARFUMS EN SPATHFLUOR

# FAIENCES FRANÇAISES

ITALIENNES, HOLLANDAISES, ESPAGNOLES ET PERSANES, GRÈS DE FLANDRE
PORCELAINES DE CHINE, JAPON, SAXE, VIENNE, ETC.

## TABLEAUX
### AQUARELLES, DESSINS

FORMANT

# la Collection de feu M. Louis ENAULT

ET DONT LA VENTE AURA LIEU PAR SUITE DE SON DÉCÈS

## HOTEL DROUOT, SALLE N° 11

### Les Jeudi 21 et Vendredi 22 Juin 1900

A DEUX HEURES UN QUART

| M<sup>e</sup> LÉON TUAL | M. A. BLOCHE |
|---|---|
| COMMISSAIRE-PRISEUR | EXPERT PRÈS LA COUR D'APPEL |
| 56, rue de la Victoire | 28, rue de Chateaudun |

## EXPOSITIONS

| PARTICULIÈRE | PUBLIQUE |
|---|---|
| *Le Mardi 19 Juin 1900.* | *Le Mercredi 20 Juin 1900.* |

DE DEUX HEURES A SIX HEURES

**Le Catalogue servira d'entrée à l'Exposition particulière**

# LE PRÉSENT CATALOGUE SE TROUVE A

| | |
|---|---|
| **Paris** .............. | Chez Me Léon Tual, commissaire-priseur, 56, rue de la Victoire. |
| — | Chez M. A. Bloche, expert près la Cour d'Appel, 28, rue de Châteaudun. |
| **Londres** ........... | Chez M. F. Davis, 149, New Bond Street. |
| **Rome**.............. | Galerie Sangiorgi, Palais Borghèse. |
| **Florence**........... | Chez M. Galli Dunn, 3, Piazza San Maria Novella. |
| **Francfort-sur-Mein**. | Chez MM. Goldschmidt. joailliers, 15, Kaiserstrasse. |
| **Berlin** ............. | Chez M. Gustave Levy, 87 et 88, Wilhelmstrasse. |
| **Munich** ............ | Chez M. Bernheimer, 3. Maximilien-Platz. |
| **Amsterdam** ........ | Chez M. J. Boasberg, 63, Kalverstraat. |

## CONDITIONS DE LA VENTE

Elle sera faite au comptant.

Les acquéreurs paieront *cinq pour cent* en sus des adjudications.

L'exposition mettant le public à même de se rendre compte de l'état et de la nature des objets, il ne sera admis aucune réclamation une fois l'adjudication prononcée.

Paris. — Imprimerie de l'Art, E. Moreau et Cie, 41, rue de la Victoire.

## ORDRE DES VACATIONS

---

### Jeudi 21 Juin

Faïences françaises, hollandaises et diverses

### Vendredi 22 Juin

Suite des Faïences, Grès, Porcelaines, Tableaux,
Dessins, Aquarelles,
Bronzes, Sculptures, Meubles, Étoffes, Objets divers.

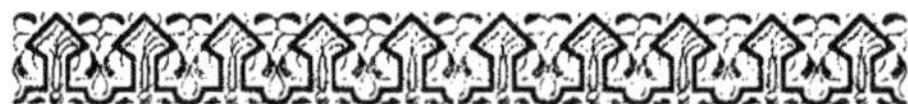

Quand *Louis Enault succomba, en mars dernier, resté
jeune encore malgré ses quatre-vingts printemps, grâce
à son esprit aimable, à son cœur toujours tendre, les
princes de la critique des lettres rendirent un juste
hommage au romancier, au grand voyageur, à ses
œuvres exquises.*

*L'observateur, le chercheur doublé d'un véritable
artiste ne se révèle-t-il pas en chacun de ses livres ? Pour
ses relations de voyage si intéressantes, si instructives.
du reste, il fut décoré de la Légion d'Honneur par Napo-
léon III.*

*L'Impératrice Eugénie accordait toute son estime à
l'auteur de Nadège, de Norra, d'Elsa, d'Irène, de Myrto
autant de types charmants de femmes des pays que
Louis Enault avait visités, habités. Mais si l'ardent explo-
rateur, attiré, séduit par toutes les merveilles que
l'Orient et l'Occident déployaient à ses yeux, s'est plu et
complu comme romancier à en donner souvent avec
enthousiasme les impressions ressenties, ne gardait-il
pas le meilleur, le profond de son cœur pour ses chères
compatriotes ? Hermine, Edmée, Courande. Stella, sa
Blanche de Vimeuse, et toutes ses adorables figures si
françaises, si parisiennes qu'il présentât avec toutes les
séductions de la femme.*

*Ce sentiment de préférence quand même et par-des-
sus tout que l'homme de lettres révèle pour les êtres animés de son pays, le collectionneur le confirma par le
choix qu'il fit des choses d'art dont il aima à embellir sa
demeure.*

*De ses nombreux voyages que rapporta-t-il ? A peine quelques souvenirs, mais de sa France ? Comme il aurait bien acheté tout ce qu'elle avait produit de beau si sa fortune le lui eut permis.*

*Ses œuvres littéraires ont trahi son caractère, dans ses bibelots, dans son intérieur domine la note de ses préférences pour tout ce qui charme les yeux et touche le cœur.*

*S'il n'y a pas de table tournante dans la collection de Louis Enault, il y a des meubles qui parlent.*

*Ce meuble de cathédrale, n° 1 du catalogue, chanta sans doute dans son cœur les hymnes sacrées qui élèvent l'âme et passionnent comme toutes les œuvres d'art vraiment belles de cette grande époque. Il l'impressionna à le rendre bien fin diplomate pour l'acquérir, malgré les résistances du saint lieu dont il renfermait les trésors.*

*Son lit Renaissance avec ses tentures en velours orné de broderies à figures d'apôtres, précieux travail du temps, la crédence n° 3 où se profilent comme de véritables camées en taille douce des bas-reliefs que n'aurait pas désavoué Jean Goujon témoignent du respect de l'amateur pour cette époque divine.*

*Mais ses préférences, on peut le dire, allaient à ce dix-huitième siècle, dont lui-même, en sa courtoisie raffinée, en son esprit fin, aimable, rappelait toutes les séductions mondaines.*

*Et c'est Boucher, c'est Huet dans leurs compositions champêtres, dans l'harmonie de leur coloris, qui viennent modestement en des dossiers de canapés, établir leurs assises chez lui au milieu de commodes galbeuses, dont la forme, la marqueterie ou la laque encadrées de rocailles ajoutent à la note souriante.*

*Toutes ces choses que nous avons décrites dans le catalogue ne sont que des indications de ce qu'aimait le collectionneur.*

La revue des bronzes, des sculptures, des nombreuses
faïences françaises et étrangères, donne aussi l'idée per-
sistante de la recherche du délicat et du gracieux dans
la forme comme dans le décor.

De tous les peintres dont les œuvres figurent ici. les
tableaux, aquarelles ou dessins, présentent, on le cons-
tatera, des notes heureuses.

Ce catalogue ne comporte qu'une partie de l'ameublement et des œuvres d'art de feu Louis Enault,
Mᵐᵉ Louis Enault, conservant, comme on le comprend,
tout ce qui avait trait à la vie intime de l'époux regretté.

Les amateurs appelés à voir ces objets, à les apprécier,
et qui se les disputeront, ratifieront, nous n'en doutons
pas, le choix qu'en avait fait Louis Enault.

ARTHUR BLOCHE.

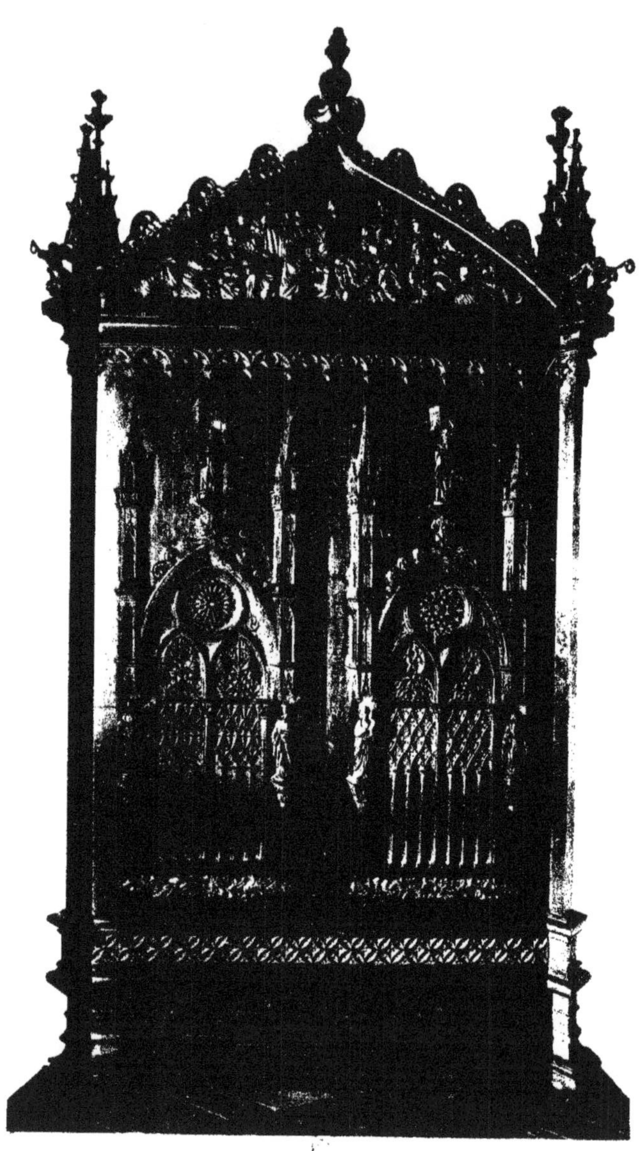


I

# DÉSIGNATION

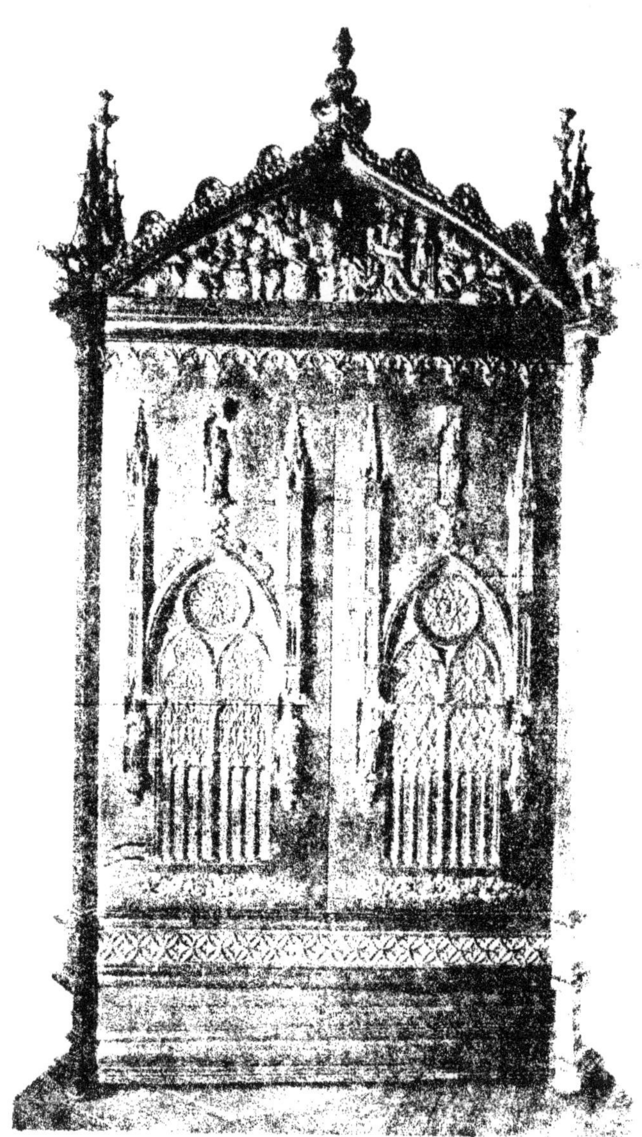

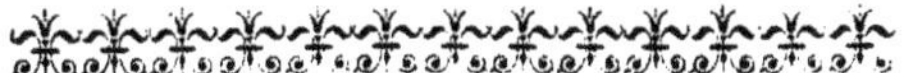

# DÉSIGNATION

## MEUBLES

1 — Grand et beau meuble de cathédrale, d'aspect
monumental, ouvrant à deux portes, représentant
finement sculpté, parties ajourées, des portiques
à ogives fleuronnées, ornées de chaque côté de
figurines de saints et de saintes posées sur des
consoles dans des niches et abritées par des
tourelles à flèches d'une délicatesse de dessin
remarquable. Au-dessus de chaque portique,
une figurine d'apôtre abritée sous un dais. Les
côtés présentent également une décoration ogi-
vale fleuronnée et couronnée par des statuettes
de saints sous voussures ajourées. Le fronton
représente en haut-relief le Christ bénissant les
malheureux et ses adeptes groupés autour de
lui. Aux angles, se détachent des figures d'anges
agenouillés et sur les profils s'élèvent des clo-
chetons à flèches élancées. Ce meuble des plus
précieux par son travail et sa conservation,
selon toutes probabilités, date du commencement

du XVIe siècle et devait servir à renfermer les
trésors religieux d'une communauté du départe-
ment de la Somme. Nous appelons tout parti-
culièrement l'attention des amateurs sur cette
œuvre de sculpture digne de prendre rang parmi
les plus appréciées de cette époque.

Haut., 3 m. 05 cent.; larg., 1 m. 60 cent.

2 — Beau lit de la Renaissance, en chêne sculpté,
avec baldaquins supporté par quatre colonnes
cannelées, avec bandeaux et pentes en velours
rouge de Gênes, ornés d'applications de broderies
d'or et de soie du XVIe siècle, représentant des
saints, des saintes et autres personnages du
Nouveau Testament, des armoiries, etc. Précieux
travail en bel état de conservation. Le plafond du
lit est orné d'une peinture attribuée à l'Albane,
représentant les Divertissements des amours.

Haut., 2 m. 40 cent.; larg., 1 m. 30 cent.

3 — Couvre-lit en velours rouge, avec applications
de broderies d'or et de soie semblables à celles
du lit.

4 — Belle portière en velours rouge de Gênes, avec
bandes et panneaux en broderie d'or et de soie.
Analogues à celles du lit.

5 — Très belle crédence en noyer sculpté, le haut,
supporté par quatre colonnettes accouplées par
des arcades. Le panneau du milieu présente en

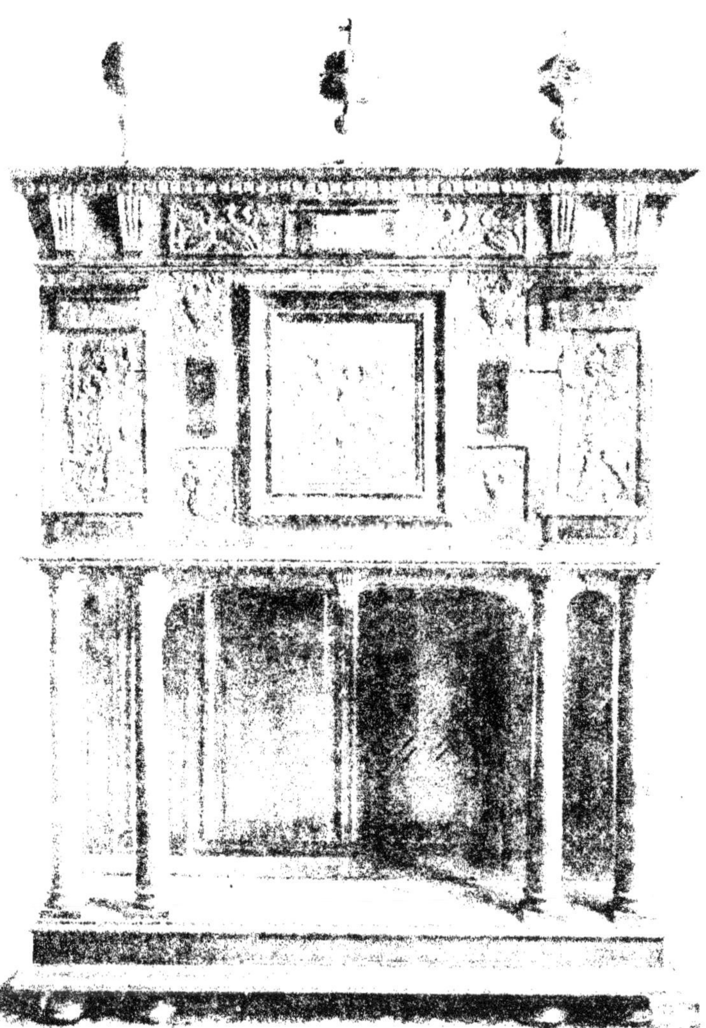

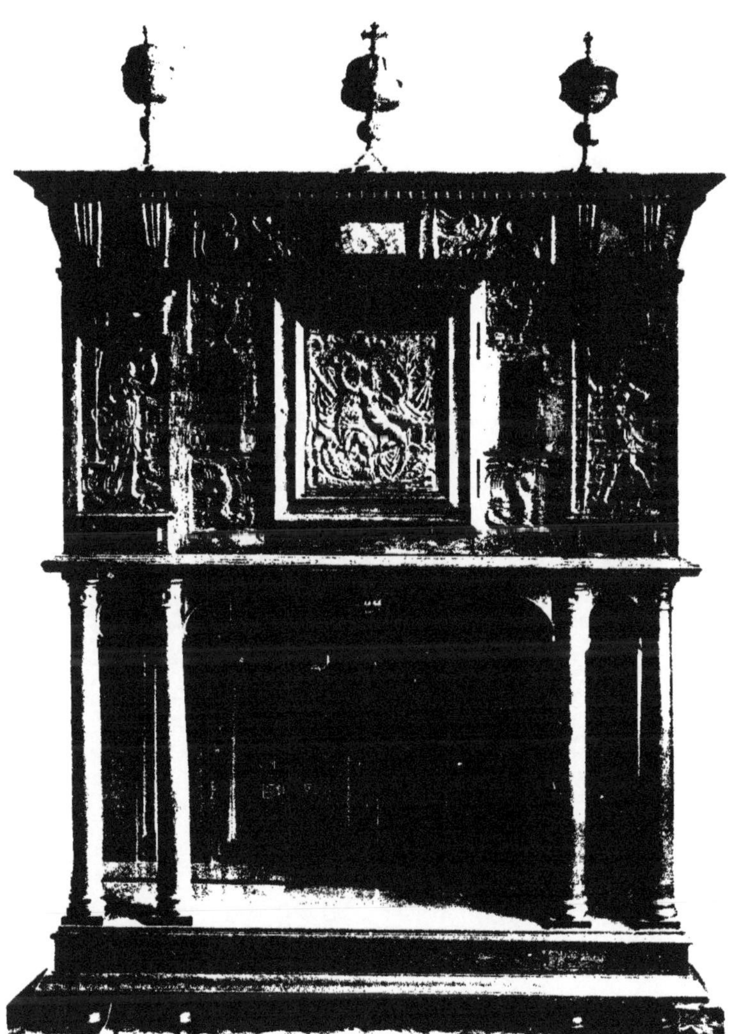

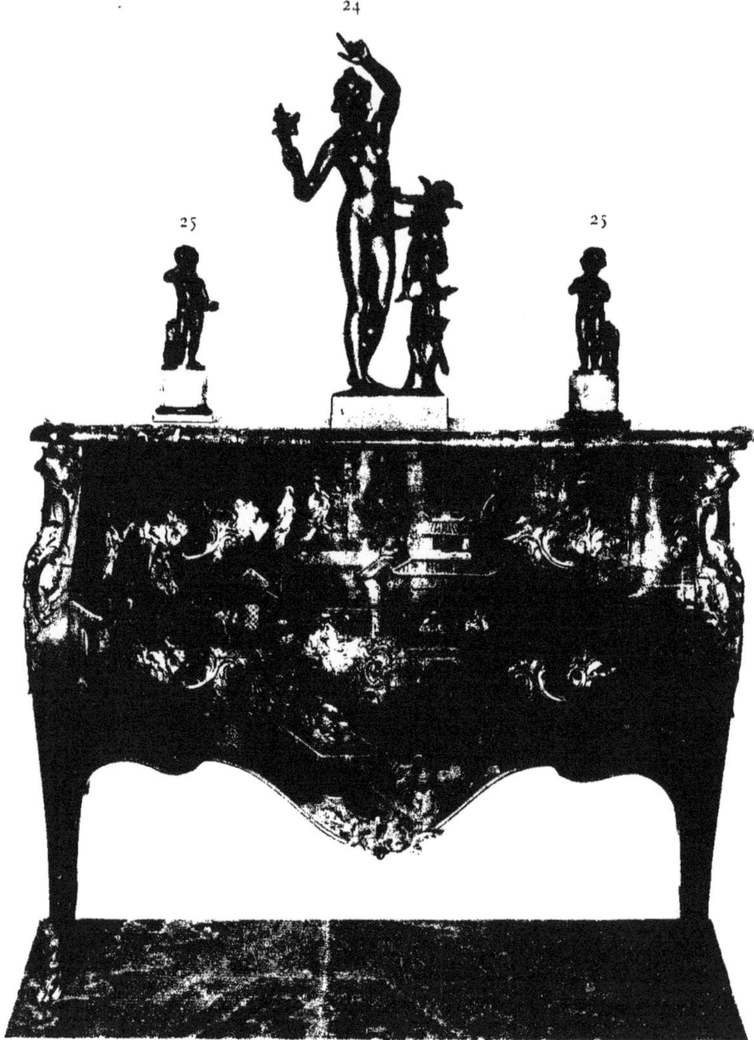

24
25
25
8

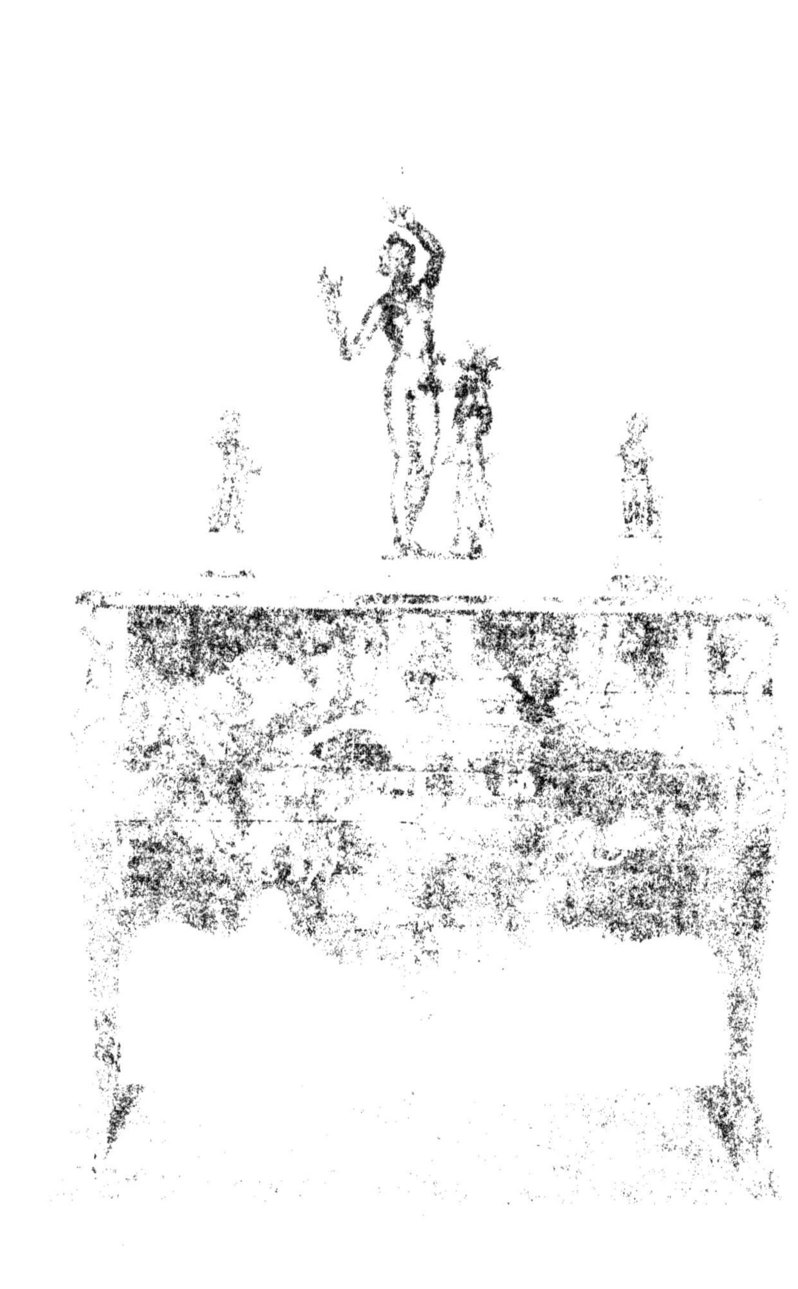

bas-relief la gloire sur un char entouré de drapeaux et tenant d'une main une couronne et de l'autre une branche de lauriers. Sur les côtés, des bas-reliefs à figures de Diane et de Mars, et, tout autour, des panneaux représentant des vases de fleurs, des dauphins et des sphinx ailés. Travail du xvi<sup>e</sup> siècle.

Haut., 1 m. 55 cent.; larg., 1 m. 12 cent.

6 — Joli meuble, ouvrant à deux portes et à deux tiroirs, en bois de palissandre clair, richement orné de bronzes ciselés et dorés : chutes, montants, encadrements, sabots à rocailles et coquilles. Les battants et les tiroirs sont formés de grandes et belles plaques en porcelaine de Chine, offrant des paysages montagneux avec cours d'eau animés de nombreux personnages sur fond vert, ou des dragons ailés, au milieu d'entrelacs feuillagés en émaux de couleurs sur fond blanc Dessus en marbre riche d'Alep. Style Régence.

Haut., 1 m. 65 cent.; larg., 90 cent.

7 — Grande et belle commode Louis XV, en bois de violette et palissandre, de forme bombée, richement garnie de bronzes à rocailles feuillagées. Dessus en marbre brèche.

Haut., 90 cent.; larg., 1 m. 50 cent.

8 — Jolie commode, de l'époque Louis XV, de forme bombée, s'ouvrant à deux tiroirs, en laque noire rehaussée d'or et représentant des paysa-

ges avec pagodes, animés de nombreux personnages en relief; chutes, poignées et entrées de
serrures à rocailles, en bronze ciselé et doré,
dessus en marbre gris veiné.

*Haut., 1 m. 04 cent.; larg., 1 m. 30 cent.*

9 — Petit cabinet vénitien recouvert de cuir doré
au petit fer, incrusté de nacre, d'aspect architec-
tural. XVII° siècle.

*Haut., 25 cent.; larg., 27 cent.*

# SIÈGES ET ÉCRANS
## EN TAPISSERIE

10 — Beau canapé, en bois sculpté peint noir et
rehaussé d'or, grande forme à contours ornés
de bouquets de fleurs, couvert en fine tapisserie d'Aubusson, offrant au dossier le *Jeu de la
bascule*, d'après *Huet* : quatre enfants, délicieu-
sement dessinés et groupés, semblent prendre
un plaisir infini à se balancer; près d'eux, un
chien qui aboie, et plus loin deux moutons, fond
de paysage des plus souriants sur lequel se détachent tout autour des guirlandes de fleurs
reliées à des rinceaux formant encadrement. Les
côtés représentent des médaillons avec enfants
assis et le dessus du canapé offre une chasse
au sanglier, également encadré de guirlandes de
fleurs et de rinceaux. Contrefond bleu clair.
Époque Louis XV.

*Haut., 1 m. 95 cent.; larg., 1 mètre.*

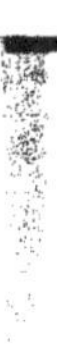

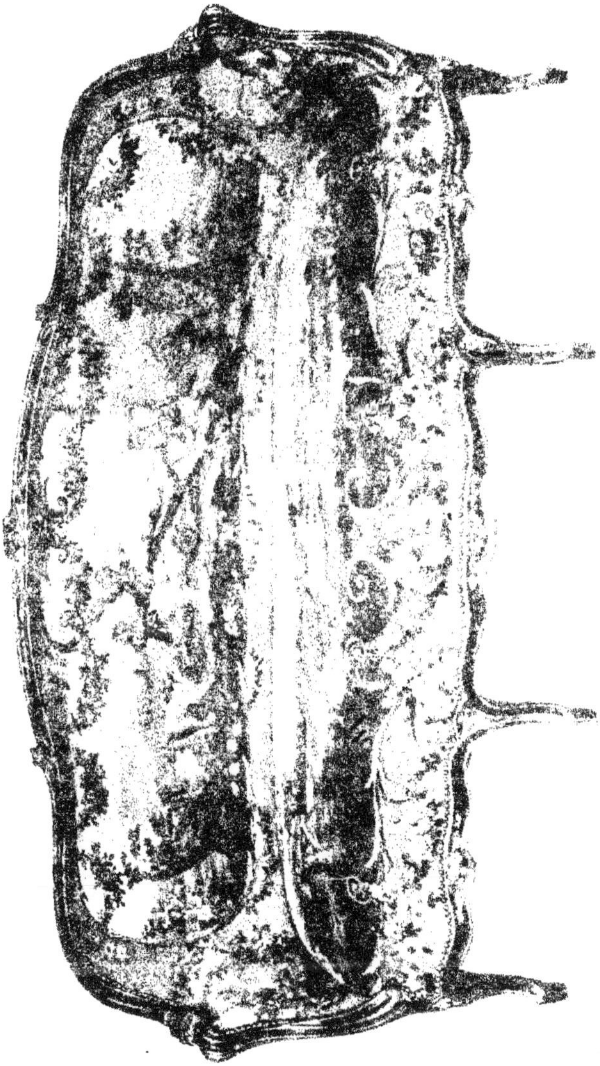

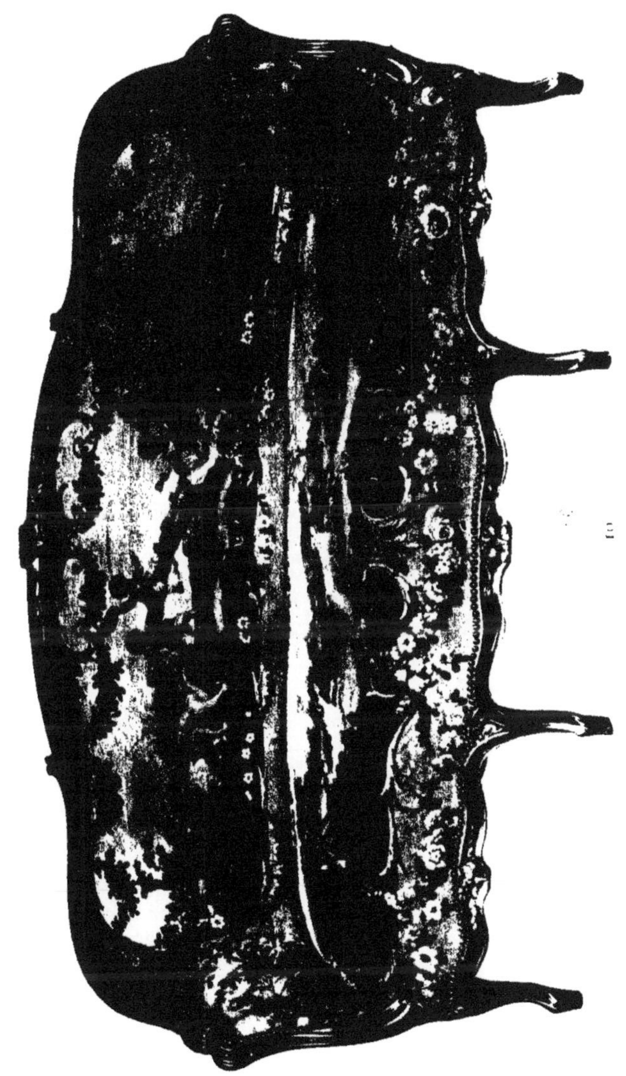
Phototypie Berthaud, Paris

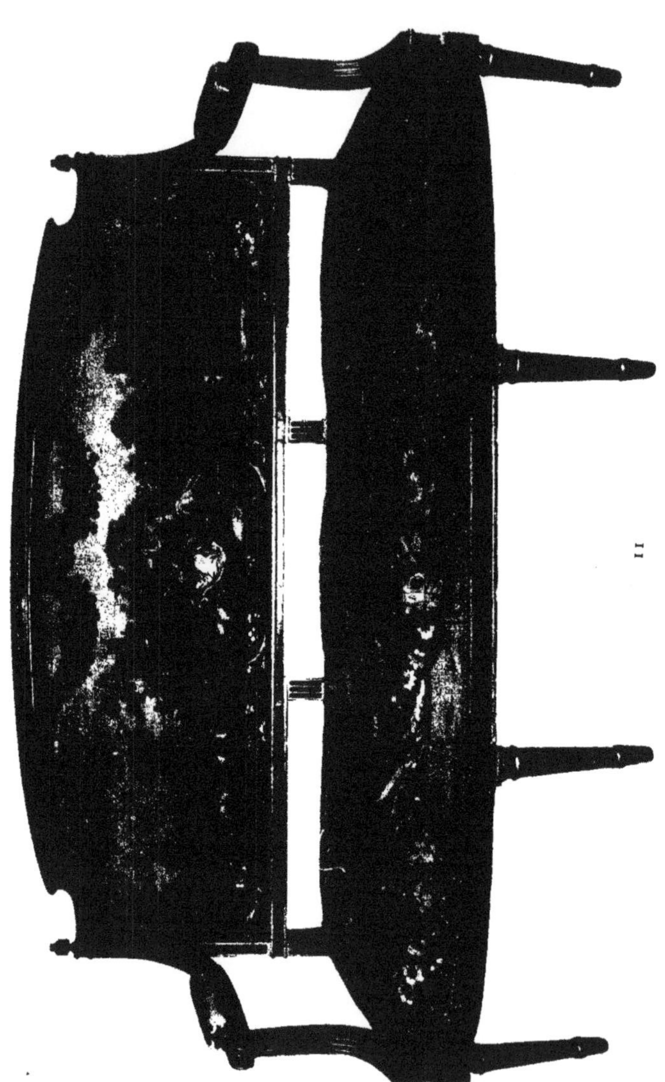



II

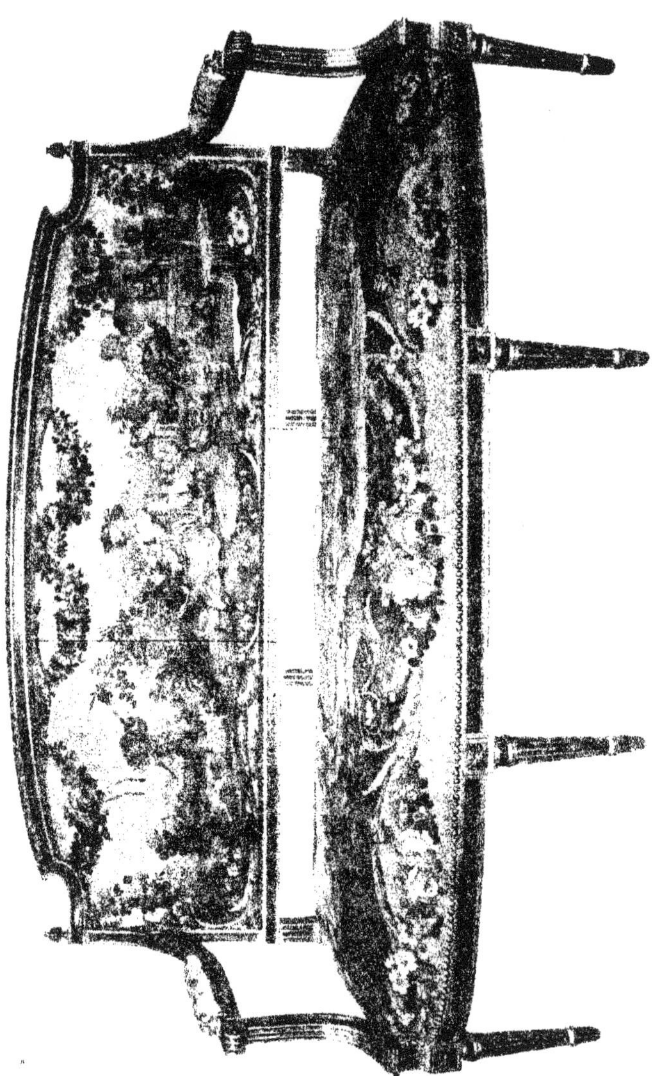

11 — Beau canapé, en bois sculpté peint noir et
rehaussé d'or, par parties couvert en fine tapisserie d'Aubusson, offrant au dossier une char-
mante composition pastorale d'après *Huet* ou
*Boucher*. Dans un paysage, au pied d'une ter-
rasse, une petite fille et un petit garçon, en très
coquets atours, jouent avec un oiseau qu'ils
veulent mettre en cage. A gauche, et précédé
de son chien, un petit paysan, le bâton sur
l'épaule et un panier de fleurs à la main, sui-
vant sa route, se détourne pour les regarder.
A droite, une jolie petite paysanne le panier
sous le bras, se rendant à la fontaine, les
observe en souriant. Tout autour, se dessinent
des guirlandes de fleurs attachées à des rinceaux. Le dessus du canapé représente, d'après
la fable de *La Fontaine*, les animaux réunis
pour choisir un roi; grand médaillon, fond de
paysage avec vue de village à gauche et fontaine
monumentale à droite, encadré également de
guirlandes de fleurs et de rinceaux. Époque
Louis XVI.

Haut., 1 m. 03 cent.; long., 1 m. 67 cent.

12 — Quatre beaux coussins, en fine tapisserie
d'Aubusson, représentant des groupes d'animaux dans des paysages, allégories aux fables
de *La Fontaine*, encadrés de guirlandes de
fleurs attachées à d'élégants rinceaux sur contrefond vert pâle. Époque Louis XVI.

Haut., 50 cent.; larg.. 50 cent.

13 — Six chaises à hauts dossiers, recouvertes
en fine tapisserie de Bruxelles, du temps de la

Renaissance, représentant, sous des portiques de parc ou des bosquets, des figures de femmes allégoriques à la *Paix*, à l'*Abondance*, aux *Sciences*, à la *Justice*, etc. Bois de noyer sculpté dans le goût de l'époque.

Haut., 1 m. 18 cent.

14 — Fauteuil Henri II, en bois sculpté, orné d'incrustations d'ivoire et d'écaille, le dossier surmonté de deux panaches forme de cassolettes en cuivre doré, couvert en tapisserie au point et au petit point, à fleurs, palmes et médaillons.

Haut., 1 m. 25 cent.

15 — Écran, en chêne sculpté, fronton à volutes avec coquille au centre, feuille en tapisserie au petit point offrant au centre une corbeille de fleurs avec encadrement dans le goût de *Berain*, à rinceaux, fleurs et feuillages ; dans le bas, un singe et un perroquet.

Haut., 1 m. 10 cent.; larg., 70 cent.

# HARPE

16 — Jolie harpe, en bois sculpté et parties dorées, du temps de Louis XVI, ornées de trophées, de carquois et de torches noués par un nœud de ruban à des gerbes de feuillages, avec draperie tombante de chaque côté de la crosse. Le bas orné de feuillages. Signée *Simonin, à Paris*.

Haut., 1 m. 57 cent.

# SCULPTURES

17 — MARBRE. Buste de M^me Élisabeth, représentée grandeur nature, regardant vers la droite, la gorge à demi-cachée par une ample draperie, coiffure sans apprêts tombant en longues boucles sur les épaules.

Œuvre admirablement exécutée, dans le plus pur sentiment de l'époque. Postérieure au xviii^e siècle.

Haut., 78 cent.

18 — BOIS. Divinité indienne, ornée d'incrustations de glaces imitant les diamants, représentée assise sous une auréole. Travail ancien.

Haut., 40 cent.

19 — BOIS. Deux statuettes d'enfants, debout. xvii^e siècle.

Haut., 65 cent.

20 — BOIS. Deux aigles debout, aux ailes déployées. xvii^e siècle.

Haut., 70 cent.

21 — BOIS. Console d'applique à tête de chérubin et écusson. xvii^e siècle.

Larg., 32 cent.

22 — Baromètre-thermomètre en bois sculpté et doré, couronné par un trophée avec colombes. Époque Louis XVI.

Haut., 1 mètre.

2

# BRONZES

## CUIVRES OUVRÉS

23 — Deux torchères, formées par des statues en
bronze à patine frottée d'argent, représentant
l'*Egyptienne* et la *Napolitaine*, portant des vases
d'où s'échappent des bouquets à quatre lumières
symbolisant l'Orient et l'Italie, de *Cordier*, si-
gnées. Posant sur deux colonnes en simili
marbre noir veiné jaune.

Hauteur des torchères, 1 m. 47 cent.<br>Hauteur totale, 2 m. 55 cent.

24 — Groupe en bronze : l'*Amour corrigé*, belle patine claire. Signé : Revon Niollac, daté 1620.

Haut., 61 cent.

25 — Deux statuettes en bronze : l'*Enfant au nid* et
l'*Enfant à l'oiseau*, d'après Pigalle. Patine fon-
cée, sur fûts de colonne en marbre clair de
Sienne.

Haut., 29 cent.

26 — Joli vase avec couvercle, forme ovoïde, en
spath-fluor finement évidé ; monture en bronze
doré ; anses à têtes de béliers, pied à côtes
tournantes et tore de lauriers. Époque Louis XVI.

Haut., 34 cent.

27 — Deux boîtes à poids en bronze gravé, à sujets
de chasse et ornements ; poignées à têtes
d'hommes ; fermeture à têtes de chevaux. XVIe
siècle.

28 — Deux torchères persanes en cuivre gravé
dessin très fin, à animaux et ornements. XVIe
siècle.

Haut., 30 cent.

29 — Ostensoir en cuivre repoussé et gravé, forme
hexagonale, couvercle dômé, dessin à arabesques entrelacées, pied orné de feuillages et de
médaillons représentant la Vierge et l'Enfant, et
un ange en prière. XVIe siècle.

Haut., 27 cent.

30 — Ostensoir en cuivre repoussé et doré, couvercle à godrons, panse gravée à ornements,
pied orné de médaillons à figures de saints et
de saintes. XVIe siècle.

Haut., 29 cent.

31 — Ostensoir en cuivre repoussé et doré, décoré
de têtes de chérubins, des figures de la Vierge
et des Apôtres. Fin du XVIe siècle.

Haut., 27 cent.

32 — Brûle-parfums en bronze poli du Japon, travail partie à jour, couronné par une chimère.

Haut., 27 cent.

33 — Deux statuettes en bronze : *les Joueurs de flûtes antiques*, patine claire, édition de *Barbedienne*.

Haut., 25 cent.

34 — Statuette en bronze : *Pierrot marchand*, patine claire.

Haut., 20 cent.

35 — Deux grands plats en cuivre jaune, à l'effigie de François I<sup>er</sup> et de Henri IV ; bordure à écussons, fruits et mascarons.

Diam., 65 cent.

35 — Garniture de foyer Louis XIV en cuivre poli, forme vases à têtes de lions, avec barre et grille en fer forgé.

Larg., 1 m. 05 cent.

## OBJETS DIVERS

37 — Encrier persan en cuivre gravé.

38 — Paire de grands ciseaux persans en fer doré et gravé.

39 — Deux couteaux catalans anciens : l'un, manche en bois incrusté d'ivoire, et l'autre, manche en cuivre.

40 à 42 — Trois haches anciennes.

# FAIENCES DE NEVERS

43 — **Nevers.** Fontaine en forme de vase à deux anses tortillons, panse renflée, décor en bleu à guirlandes de fleurs et ornements, le col cylindrique, le pied légèrement évasé, avec couvercle plat. Intérieur divisé par compartiment. xviii<sup>e</sup> siècle.

Haut., 60 cent.

44 — **Nevers.** Vase important à panse renflée, col à bossages, culot à feuillages en relief; décor en bleu imbriqué de manganèse, offrant sur le devant un écusson à deux bras croisés, surmontés d'une croix avec inscription : THERIACA-A. Les anses sont formées de serpents enroulés attachés au vase par des mascarons. Le couvercle décoré de fleurs de lis. xvii<sup>e</sup> siècle.

Haut., 75 cent.

45 — **Nevers.** Assiette, décor polychrome au singe travesti, fond à jetés de fleurs. xviii<sup>e</sup> siècle.

Diam., 25 cent.

46 — **Nevers.** Assiette, décor polychrome, oiseaux perchés et guirlandes de fleurs. xviii<sup>e</sup> siècle.

Diam., 22 cent.

47 — **Nevers.** Groupe : Vierge et enfant, décor en bleu et vert, avec inscription : N<sup>re</sup> D. DE GRACES. P. P. N. xviii<sup>e</sup> siècle.

Haut., 40 cent.

48 — **Nevers**. Groupe : Vierge et enfant, décor en bleu et jaune, avec inscription : N. DE GRACE. xviii° siècle.

Haut., 38 cent.

49 — **Nevers.** Groupe : Vierge et enfant, décor camaïeu bleu. xviii° siècle.

Haut., 22 cent.

50 — **Nevers.** Deux petites consoles d'appliques, décor à mascarons, guirlandes et coquilles en jaune, bleu et vert. xviii° siècle.

Haut., 20 cent.

51 — **Nevers**. Gourde, décor polychrome, médaillons au pêcheur et au marinier. xviii° siècle.

Haut., 36 cent.

52 — **Nevers.** Plateau, forme étoile, décor en bleu à paysage avec oiseaux.

Diam., 36 cent.

53 — **Nevers**. Obélisque, décor en bleu à feuillages, avec coquilles en relief sur chaque face. xviii° siècle.

Haut., 33 cent.

# FAIENCES DE ROUEN

54 — **Rouen.** Fontaine avec son bassin et son couvercle, décor polychrome à ornements et guir-

landes, couronnée par une coquille accostée de
deux dauphins. xviiie siècle.

Haut., 65 cent.

55 — **Rouen**. Cache-pot, décor polychrome : gerbes
de fleurs, jardinière et papillons. xviiie siècle.

Haut., 17 cent.

56 — **Rouen**. Cache-pot, décor polychrome, à sujets
chinois. xviiie siècle.

Haut., 16 cent.

57 — **Rouen**. Vase à panse légèrement cintrée, décor
polychrome, fond bleu à fleurs avec médaillons
à chutes de fleurs et inscriptions : *Diaphoenix*.
xviiie siècle.

Haut., 27 cent.

58 — **Rouen**. Pichet, décor bleu et rouge par compartiments à guirlandes et ornements. Monture
en étain. xviiie siècle.

Haut., 25 cent.

59 — **Rouen**. Soupière ronde, décor polychrome à la
corne. xviiie siècle.

Diam., 32 cent.; haut., 22 cent.

60 — **Rouen**. Vase, décor polychrome à la pagode,
monture en étain. xviiie siècle.

Haut., 20 cent.

61 — **Rouen**. Vase, décor polychrome à la pagode.
xviiie siècle.

Haut., 12 cent.

62 — **Rouen**. Jardinière à panse conique, décor
bleu et rouge à lambrequins fleuris et coquilles.
xviii<sup>e</sup> siècle.

Haut., 15 cent.

63 — **Rouen**. Plat rond à contours, décor polychrome
à la pagode, bordure par compartiments à quadrillé vert et fleurs. xviii<sup>e</sup> siècle.

Diam., 30 cent.

64 — **Rouen**. Plat à contours, décor à la corne.
xviii<sup>e</sup> siècle.

Diam., 30 cent.

65 — **Rouen**. Vase à pans, décor polychrome à fleurs
et feuillages, accompagné d'un couvercle. xviii<sup>e</sup>
siècle.

Haut., 24 cent.

66 — **Rouen**. Plaque ovale, décor polychrome à
paysage et oiseaux; bordure mi-jonc, fond bleu
à fleurs. xviii<sup>e</sup> siècle.

Larg., 21 cent.

67 — **Rouen**. Cache-pot, décor polychrome à guirlandes de fleurs et ornements. xviii<sup>e</sup> siècle.

Haut., 18 cent.

68 — **Rouen**. Cache-pot, décor bleu et rouge à guirlandes et ornements. xviii<sup>e</sup> siècle.

Haut., 16 cent.

69 — **Rouen**. Bouquetière, décor par compartiments,
à jardinières fleuries et ornements en bleu et
rouge, monture en étain. xviii<sup>e</sup> siècle.

Haut., 15 cent.

70 — **Rouen**. Bouquetière, décor à lambrequins fleuris en bleu et rouge, montuie en étain. xviiiᵉ siècle.

Haut., 15 cent.

71 — **Rouen**. Boite à thé octogonale, décor polychrome à gerbe de fleurs, bordure gros bleu à arabesques. xviiiᵉ siècle. Bouchon en étain gravé.

Haut., 15 cent.

72 — **Rouen**. Cartel supporté par deux chimères, décor polychrome représentant une scène de chasse, encadrement à rocailles. Au revers, signé: J.-M. Parent, 1778, avec vue de château en bleu. xviiiᵉ siècle.

Haut., 30 cent.

73 — **Rouen**. Poudrière, décor en bleu et rouge, à guirlandes et lambrequins. xviiiᵉ siècle.

Haut., 32 cent.

74 — **Rouen**. Petit compotier, décor polychrome, paysage, gerbes de fleurs, volatiles et papillons. xviiiᵉ siècle.

Diam., 20 cent.

75 — **Rouen**. Petit compotier, décor polychrome à fleurs. xviiiᵉ siècle.

Diam., 20 cent.

76 — **Rouen**. Compotier, décor polychrome, gerbe, fleurs et papillons. xviiiᵉ siècle.

Diam., 25 cent.

77 — **Rouen**. Deux assiettes, décor à peu près sem-
blable, corbeille de fleurs au centre, guirlandes,
rinceaux et médaillons à carrelages, en polychrome sur les bords. xviiiᵉ siècle.

Diam., 24 cent.

78 — **Rouen**. Assiette à bords festonnés, décor polychrome : médaillon rocaille à la pagode, vases
de fleurs et papillons. xviiiᵉ siècle.

Diam., 24 cent.

79 — **Rouen**. Deux assiettes, décor polychrome aux
carquois, bordure à ornements. xviiiᵉ siècle.

Diam., 22 cent.

80 — **Rouen**. Deux assiettes, décor dit à la corne.
xviiiᵉ siècle.

Diam., 25 cent.

81 — **Rouen**. Assiette, décor en bleu et rouge offrant
au centre une corbeille de fruits et de fleurs ;
sur le bord, une suite d'ornements et de rinceaux fond quadrillé rouge, entrecoupés de
coquilles et de motifs à dessin délicat. xviiiᵉ
siècle.

Diam., 24 cent.

82 — **Rouen**. Assiette, décor bleu et rouge offrant au
centre une corbeille fleurie sur une console sus-
pendue à la Bérain ; sur les bords, des gerbes
fleuris et des motifs à rinceaux fermés à fond
quadrillé rouge. xviiiᵉ siècle.

Diam., 25 cent.

83 — **Rouen**. Compotier à contours, décor à corbeille, guirlandes de fleurs et ornements en polychrome. XVIIIᵉ siècle.

Diam., 26 cent.

84 — **Rouen**. Compotier octogonal, décor à corbeille, guirlandes et ornements fleuris en polychrome. XVIIIᵉ siècle.

Diam., 26 cent.

85 — **Rouen**. Bannette, décor à la corne. XVIIIᵉ siècle.

Long., 36 cent.

86 — **Rouen**. Plat oblong, décor polychrome au dragon. XVIIIᵉ siècle.

Long., 30 cent.

87 — **Rouen**. Vase à panse sphérique, décor polychrome, à coquilles quadrillées, gerbes de fleurs, oiseaux et papillons. XVIIIᵉ siècle.

Haut., 16 cent.

88 — **Rouen** Bannette, décor polychrome, médaillon coquillé à la pagode, corne d'abondance et vase de fleurs. XVIIIᵉ siècle.

Long., 45 cent.

89 — **Rouen**. Huilier, décor à la corne. XVIIIᵉ siècle. Avec ses burettes en verre rehaussé d'or, dessin à raisins et feuillages.

Long., 25 cent.

90 — **Rouen**. Plat octogonal, décor à corbeille fleurie, guirlandes et ornements.

Long., 33 cent.

91 — **Rouen**. Grande bannette, décor polychrome,
corbeille fleurie au centre, bordure cornes d'abondance, guirlandes de fleurs, rinceaux et ornements en partie à fond bleu. xviiᵉ siècle.

Long., 45 cent.

92 — **Rouen**. Grand plat rond, offrant au centre une
alliance d'armoirie encadrée d'une arabesque
fleurie, et sur les bords une suite d'ornements,
de rinceaux et de mascarons en bleu sur blanc.
xviiiᵉ siècle. Encadré.

Diamètre du plat, 53 cent.

93 — **Rouen**. Compotier, décor en polychrome à paysage avec oiseau et tigre. xviiiᵉ siècle.

Diam., 25 cent.

94 — **Rouen**. Plat à contours, décor à gerbes fleuries, oiseaux et papillons. xviiiᵉ siècle.

Diam., 30 cent.

95 — **Rouen**. Petite bannette, décor bleu et rouge.
décor corbeille fleurie, corne d'abondance, guirlandes d'ornements. xviiiᵉ siècle.

Larg., 26 cent.

96 — **Rouen**. Plat, décor polychrome représentant le
combat de coqs dans un paysage fleuri. xviiiᵉ
siècle.

Diam., 27 cent.

97 — **Rouen**. Assiette, décor en bleu et jaune, corbeille fleurie au centre, ornements et guirlandes
sur les bords. xviiiᵉ siècle.

Diam., 24 cent.

# FAIENCES DE MOUSTIERS

98 — **Moustiers**. Huilier, décor bleu, jaune et vert,
à jetées de fleurs, avec burettes en verre côtelé.
xviii<sup>e</sup> siècle.

> Long., 23 cent.

99 — **Moustiers**. Assiette, décor jaune d'ocre, à bouquets de fleurs. xviii<sup>e</sup> siècle.

> Diam., 21 cent.

100 — **Moustiers**. Plat creux, à bords festonnés ;
décor plantes fleuries, guirlandes et papillons.
xviii<sup>e</sup> siècle.

> Diam., 28 cent.

101 — **Moustiers**. Couvercle de soupière, décor polychrome, à bouquets de fleurs et guirlandes ;
bouton formé par une tête de mouton. xviii<sup>e</sup>
siècle.

> Long., 28 cent.

102 — **Moustiers**. Assiette, à bords festonnés ; décor
polychrome, médaillon au centre : amours en
adoration autour de Diane ; bordure à guirlandes.
xviii<sup>e</sup> siècle.

> Diam., 25 cent.

103 — **Moustiers**. Flambeau formé par une figurine
de siamois assis, costume décoré de fleurs en
polychrome. xviii<sup>e</sup> siècle.

> Haut., 29 cent.

104 — **Moustiers**. Plat oblong, décor polychrome à sujet, d'après Callot. xviii° siècle.

*Long., 36 cent.*

105 — **Moustiers**. Assiette, décor polychrome : vue de parc et motif rocaille. xviii° siècle.

*Diam., 21 cent.*

106 — **Moustiers**. Assiette jaune d'ocre : sujet, d'après Callot et guirlandes de fleurs. xviii° siècle.

*Diam., 23 cent.*

107 — **Moustiers**. Médaillon ovale, décor polychrome représentant le Triomphe d'Amphitrite. xviii° siècle. Encadré.

*Diam., 17 cent.*

108 — **Moustiers**. Assiette à bords festonnés, décor polychrome, médaillon au centre représentant le beau Narcisse se mirant dans l'eau ; bordure à guirlandes xviii° siècle.

*Diam., 25 cent.*

# FAIENCES DE MARSEILLE

109 — **Marseille**. Soupière oblongue, avec couvercle et plateau ; décor en relief, à fleurs et rocailles. xviii° siècle.

*Haut., 20 cent.; long., 33 cent.*

110 — **Marseille**. Plat oblong, décor à gerbes de fleurs et oiseaux.

*Long., 33 cent.*

111 — **Marseille**. Aiguière, décor partie en relief, à bouquets de fleurs et feuillages. xviii<sup>e</sup> siècle.

> Haut., 24 cent.

112 — **Marseille**. Petite aiguière, panse côtelée, à fleurs. xviii<sup>e</sup> siècle.

> Haut., 17 cent.

113 — **Marseille**. Deux assiettes, fond jaune, à fleurs. xviii<sup>e</sup> siècle.

> Diam., 25 cent.

# FAIENCES DE STRASBOURG

114 — **Strasbourg**. Deux jardinières rectangulaires légèrement cintrées; décor à fleurs; bordure feuilles de choux. xviii<sup>e</sup> siècle.

> Larg., 20 cent.

115 — **Strasbourg**. Bouquetière, forme console; décor à ornements, médaillons et guirlandes. xviii<sup>e</sup> siècle.

> Larg., 21 cent.

116 — **Strasbourg**. Petit plat rond, décor au chinois. xviii<sup>e</sup> siècle.

> Diam., 27 cent.

117 — **Strasbourg**. Coquille, décor à bouquets de fleurs. xviii<sup>e</sup> siècle.

> Diam., 20 cent.

118 — **Strasbourg**. Plat rond à contours, décor à bouquets de fleurs. xviii<sup>e</sup> siècle.

> Diam., 40 cent.

119 — **Strasbourg**. Plat rond, décor à bouquets de
roses. xviiiᵉ siècle.

Diam., 34 cent.

120 — **Strasbourg**. Plat long, décor à bouquets de
fleurs. xviiiᵉ siècle.

Long., 55 cent.

121 — **Strasbourg**. Assiette, décor à bouquets de
fleurs en rouge. xviiiᵉ siècle.

Diam., 22 cent.

122 — **Strasbourg**. Deux tasses et leurs soucoupes,
décor partie en relief à fleurs.

123 — **Strasbourg**. Tasse et soucoupe, décor par
compartiments à médaillons chinois et fleurs.
xviiiᵉ siècle.

Haut., 08 cent.

124 — **Strasbourg**. Compotier à ombilic, décor à
fleurs. xviiiᵉ siècle.

Diam., 20 cent.

125 — **Strasbourg**. Assiette, décor à bouquets de
fleurs, bords à coquilles et rubans. xviiiᵉ siècle.

Diam., 25 cent.

# FAIENCES DE DELFT

126 — **Delft**. Grosse potiche avec couvercle, décor
polychrome à guirlandes de fleurs et lambrequins. xviiiᵉ siècle.

Haut., 60 cent.

127 — **Delft**. Deux cornets à pans, décors de paysages fleuris animés d'oiseaux, cols à lambrequins, pieds à feuilles d'eau. xviiie siècle.

Haut., 42 cent.

128 — **Delft**. Deux cornets, décor en bleu à fleurs et feuillages. xviiie siècle.

Haut., 37 cent.

129 — **Delft**. Deux plaques à contours, décor polychrome, à paysages chinois animés d'oiseaux; bordure en relief. fronton à coquille. xviiie siècle.

Larg., 25 cent.

130 — **Delft doré?** Plaque ovale, décor dans le goût chinois, à paysage avec perruche et oiseaux de paradis; bordure en relief, partie fond d'or, partie fond vert. xviiie siècle.

Haut., 27 cent.

131 — **Delft**. Statuette de violoneux assis, sur socle à trois faces. décor en polychrome. xviiie siècle.

Haut., 16 cent.

132 — **Delft**. Potiche côtelée avec couvercle, décor en bleu.

Haut.. 60 cent.

133 — **Delft**. Compotier côtelé. décor en bleu. xviiie siècle.

Diam., 26 cent.

134 — **Delft**. Plaque, décor à personnages en bleu. xviiie siècle.

Larg., 20 cent.

3

135 — **Delft**. Plaque à angles rentrées, décor bleu à paysage avec oiseaux et tigre. xviii<sup>e</sup> siècle.

Larg., 27 cent.

136 — **Delft**. Deux vases avec couvercles, décor à médaillons, vues de château, en polychrome. xviii<sup>e</sup> siècle.

Haut., 28 cent.

137 — **Delft**. Grande plaque polychrome offrant dans un encadrement d'ornements, de fleurs et d'oiseaux une jardinière fleurie. xviii<sup>e</sup> siècle.

Haut., 40 cent.

138 — **Delft**. Compotier, décor polychrome dit à la foudre, à paysage, balustrade, oiseau et papillons. xviii<sup>e</sup> siècle.

Diam., 27 cent.

139 — **Delft**. Plat rond, décor par compartiments fond vert, à médaillons de fleurs en polychrome. xviii<sup>e</sup> siècle.

Diam., 26 cent.

140 — **Delft**. Deux plats à bords concaves, décor bleu à amours au centre, encadré de fleurs.

Diam., 30 cent.

# FAIENCES DIVERSES

141 — **Alcora**. Plat oblong, décor à ornements fond quadrillé en polychrome. xviii<sup>e</sup> siècle.

Long., 33 cent.

142 — **Bernard-Palissy** (suite de). Plat ovale, décor
dit à la *Belle Jardinière*.

Larg., 30 cent.

143 — **Della Robbia** (suite de Lucca). Statuette de
chevalier en armure, avec casque à panache,
manteau jeté sur les épaules, tenant une aiguière
et un verre, décor en bleu, manganèse et vert.
XVIIe siècle.

Haut., 50 cent.

144 — **Urbino.** Hanap à mascaron et arabesques,
décor polychrome. XVIIe siècle.

Haut., 20 cent

145 — **Urbino.** Salière carrée, décor raphaélesque, à
figures de sphinx aux angles. XVIIe siècle.

Haut., 19 cent.

146 — **Urbino.** Salière triangulaire, ornée de figurines
d'amours aux angles. XVIIe siècle.

Haut., 14 cent.

147 — **Venise.** Aiguière côtelée, décor à branchages
fleuris. XVIIIe siècle.

Haut., 20 cent.

148 — **Deruta.** Coupe sur piédouche, à bossages,
décor au lion entouré de fleurs. XVIIe siècle.

Diam., 24 cent.

149 — **Gênes.** Plat rond dentelé, décor en bleu représentant un roi à costume fleurdelysé descendant
d'un navire suivi de plusieurs personnages, bord
à bossages à et fleurs de lys. XVIIe siècle.

Diam., 40 cent.

150 — **Hispano-Arabe.** Coupe, décor oiseaux et fleurs,
à reflets métalliques. xvie siècle.

Diam., 25 cent.

151 — **Italie.** Deux plaques représentant les bustes
de la Vierge et du Christ en relief, décor jaune
et manganèse. xviiie siècle.

Haut., 16 cent.

152 — **Italie.** Deux oiseaux, décor polychrome. xviie
siècle.

Haut., 22 cent.

153 — **Italie.** Plaque avec tête de femme en haut-
relief. xviiie siècle.

Haut., 23 cent.

154 — **Maroc.** Potiche avec couvercle, décor polychrome, à fleurs et ornements.

Haut., 45 cent.

155 — **Nove.** Couvercle de soupière, décor à fruits.
xviiie siècle.

Long., 27 cent.

156 — **Pessaro.** Assiette, à bords festonnés et à bossages, décor à bouquets de fleurs. xviiie siècle.

Diam., 27 cent.

157 — **Rhodes.** Plat, décor à fleurs et palmes en
polychrome. xviie siècle.

Diam., 30 cent.

158 — **Rhodes.** Plat, décor à la tulipe. xvie siècle.

Diam., 28 cent.

# GRÈS

159 — **Flandre**. Cruchon, décor fond bleu, gravé gris par enlevage, représentant une armoirie au double aigle d'Autriche avec la date 1698 et des arabesques. Monture en étain.

Haut., 44 cent.

160 — **Flandre**. Cruchon offrant sur la panse une rosace ajourée et sur les côtés des doubles palmettes avec têtes d'hommes superposées, en gris gravé sur fond bleu. XVII<sup>e</sup> siècle.

Haut., 37 cent.

# PORCELAINES

161 — **Chine**. Plat de la famille verte, décor cerf et cigogne dans un paysage, bordure à vol de cigognes.

Diam., 38 cent.

162 — **Chine**. Assiette de la famille rose, décor à rouleau représentant des personnages sur un fond à fleurs et réserves.

Diam., 22 cent.

163 — **Japon**. Paire de flambeaux, décor en bleu rouge et or, à fleurs et feuillages.

Haut., 20 cent.

164 — **Chine.** Personnage dansant, vêtu d'une robe décorée de fleurs et de cigognes, et tenant derrière son dos un éventail.

Haut., 29 cent.

165 — **Chine.** Chimère, décor gravé, fond céladonné.

Haut., 18 cent.

166 — **A la Reine.** Deux tasses avec leurs soucoupes, décor à bouquets de fleurs, bordure rehaussée d'or.

Haut., 08 cent.

167 — **Chine.** Petit vase, forme cornet sur trépied à têtes et griffes d'animaux, décor polychrome.

Haut., 15 cent.

168 — **Chine.** Petite théière, décor à cachets ajourés et fleurs en relief.

Haut., 14 cent.

169 — **Saxe.** Petite théière, décor à bouquets de fleurs, bouton du couvercle, forme fleur.

Haut., 10 cent.

170 — **Vienne.** Brûle-parfum sur trépied, à couvercle ajouré, décor à jetés de myosotis, bordure à guirlandes de feuillages et rehauts d'or.

Haut., 42 cent.

171 — **Chine.** Petit vase cylindrique, décor herbage fleuri, bordure à grecque en bleu.

Haut., 11 cent.

172 — **Saint-Cloud.** Flambeau à cannelure, avec draperie en relief, décor bleu à feuillage.

173-174 — Objets d'art divers.

Haut., 52 cent.

# TABLEAUX, AQUARELLES

## DESSINS

---

### APPIAN

175 — *Route montante dans la campagne.*

Signé à droite.

Toile. Haut., 46 cent.; larg., 31 cent.

### BARTHÉLEMY

176 — *Pleine mer.*

Temps nuageux.
Signé à droite.

Bois. Haut., 14 cent.; larg., 22 cent.

### BÉTHUNE (Gaston)

177 — *Le Petit Mendiant.*

Souvenir de Menton.
Étude. Aquarelle. Signée.

Haut., 32 cent.; larg., 24 cent.

## BOUQUET (Michel)

178 — *Paysage montagneux, traversé par une rivière.*

Aquarelle. Signée à gauche.

Haut., 42 cent.; larg., 27 cent.

## BRUNNER-LACOSTE

179 — *Branchages fleuris.*

Signé et daté : 1874.

Toile. Haut., 19 cent.; larg., 48 cent.

## CALLIAS (Horace de)

180 — *La Causerie champêtre.*

Au bord d'une rivière, sur un terrain vallonné, des grandes dames, en élégants atours, devisent galamment avec un gentilhomme tenant une mandoline.
Signé à droite.
Toile. Dessus de porte.
Cadre en bois sculpté, relevé d'or, travail de Sauvresy.

Haut., 42 cent.; larg., 1 m. 30 cent.

## CHAMPEAUX (O. de)

181 — *Mer mouvementée battant les rochers.*

Bois. Haut., 26 cent.; larg., 34 cent.

## DE CHAMONT-GALLERANDE

182 — *En route pour la chasse.*

Une amazone, suivi d'un sonneur de cor à cheval, s'arrête pour laisser passer un vis-à-vis attelé au poste à quatre et lancé à triple galop.
Signé à gauche.

Bois. Haut., 22 cent.; larg., 33 cent.

## DEVÉ (E.)

183 — *La Source.*

Dans un site boisé, une paysanne prend de l'eau à une source enclavée de pierre.
Signé à droite.

Toile. Haut., 44 cent.; larg., 31 cent.

## DUMARESQ (Armand)

184 — *Zouaves aux avant-postes.*

Beau dessin, rehaussé de pastel. Signé.

Haut., 57 cent.; larg., 60 cent.

185 — *Le Clairon de Zouaves à l'assaut.*

Petit tableau. Signé.

Bois. Haut., 12 cent.; larg., 08 cent.

## DUMARESQ (Armand)

186 — *Soldat du train.*

Petit tableau. Signé.

Bois. Haut., 12 cent.; larg., 08 cent.

## HARPIGNIES

187 — *Le Jeune Gars.*

>> Aquarelle. Signée.

>>> Haut., 12 cent.; larg., 08 cent.

## LANGEROCK

188 — *Sous bois.*

>> Signé à gauche.

>>> Toile. Haut., 48 cent.; larg., 28 cent.

## LEMATTE

189 — *La Jeune Mère arabe.*

>> Dessin. Signé.

>>> Haut., 33 cent.; larg., 25 cent.

## LE MORE (Paul)

190 — *Chasse à courre.*

>> Signé à droite.

>>> Toile. Haut., 43 cent.; larg., 60 cent.

## MULLER (Charles)

191 — *Épisode de la Saint-Barthélemy.*

>> Esquisse de son grand tableau.
>> Signée à gauche.

>>> Toile. Haut., 48 cent.; larg., 68 cent.

## NOEL (Jules)

192 — *Le Château de Gargilesse.*

Signé à droite.

Faïence. Haut., 25 cent.; larg., 34 cent.

## PALIZZI

193 — *Combat de boucs sur une passerelle.*

Aquarelle signée.

Haut., 27 cent.; larg., 21 cent.

## PALIZZI

194 — *Vaches près d'un aqueduc.*

Aquarelle signée.

Haut., 18 cent.; larg., 22 cent.

## PALIZZI

195 — *La Rentrée au village.*

Trois pêcheuses, montées sur des ânes, s'éloignent de la plage, abritées sous leurs parapluies.

Signé à droite.

Toile. Haut., 30 cent.; larg., 20 cent.

## PALIZZI

196 — *Ane à l'auge.*

Aquarelle signée.

Haut., 14 cent.; larg., 23 cent.

## PATROIS (J.)

197 — *Enfants russes réunis sous bois.*

Signé à droite.

Bois. Haut., 27 cent.; larg., 21 cent.

## SEGÉ  (A.)

198 — *L'Étang.*

Aquarelle signée.

Haut., 14 cent.; larg., 22 cent.

199 — *Rochers au bord de la mer.*

Aquarelle signée.

Haut., 14 cent.: larg., 22 cent.

## SEGÉ  (A.)

200 — *Vache au pâturage.*

Signé à droite.

Bois. Haut., 14 cent.; larg., 21 cent.

201 — *Campagne au bord de la mer.*

Signé à droite.

Bois. Haut., 14 cent.; larg., 21 cent.

## SOURDEVAL (De)

202 — *Pêcheur au bord d'une rivière.*

Aquarelle signée.

Haut., 10 cent.; larg., 17 cent.

## TRUPHÈME

203 — *Jeune Fille nue couchée.*

Vue de dos.

Signé.

Bois. Haut., 9 cent.; larg., 18 cent.


## VIDAL

204 — *La Petite Bretonne.*

Dessin. Signé,

Haut., 20 cent.; larg., 16 cent


## VOILLEMOT

205 — *L'Amour en Éclaireur.*

Signé à gauche.

Bois. Haut., 21 cent.; larg., 15 cent.


## VOIRIN (J.)

206 — *Avant la Revue.*

Un cuirassier à cheval tient par la bride le cheval d'un général, et s'éloigne du front des troupes.

Signé à droite.

Bois. Haut., 32 cent.; larg., 40 cent.

## VUAGNAT

207 — *A l'Abreuvoir.*

> Une paysanne regarde sa vache qui se désaltère
> dans le ruisseau. Fond de paysage boisé.
> Signé à droite.

Toile. Haut., 28 cent.; larg., 32 cent.

## WYLD (W.)

208 — *Souvenir de Venise.*

> Aquarelle. Signé.

Haut., 18 cent.; larg., 11 cent.

209 — Tableaux omis.

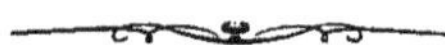